Ciudades perdidas

escrito por Rebecca Weber
adaptado por Mónica Villa

Tabla de contenido

Introducción 2

Capítulo 1 En la mesa del desierto . . . 6

Capítulo 2 La ciudad en las nubes . . 12

Capítulo 3 Debajo de las cenizas . . . 18

Capítulo 4 Torres en los árboles . . . 24

Conclusión 30

Glosario 31

Índice 32

Introducción

Las enredaderas que escondían la estatua cayeron al suelo con el golpe de un **machete**. Los exploradores se encontraron cara a cara con un dragón tallado en piedra. Detrás de las enredaderas, que durante siglos escondieron las esculturas, encontraron el muro de una ciudad perdida construida por una poderosa civilización.

Por miles de años, la gente ha construido ciudades. Algunas ciudades que fueron centros prósperos han desaparecido por completo. Quizá un desastre natural, como un terremoto o una inundación, las haya enterrado. O simplemente las personas se fueron, dejando que la naturaleza escondiera la ciudad tras cortinas de vegetación. En este libro, vamos a leer acerca de cuatro ciudades "perdidas" que han sido reencontradas.

En el cañón Chaco, Nuevo México, descansan las misteriosas ruinas de los Anasazi.

¡Es un hecho!

Muchas culturas cuentan leyendas antiguas de sus ancestros y ciudades perdidas. Por lo general, estos cuentos son mitad hecho y mitad ficción. Nadie sabe con seguridad qué parte es qué.

Esta antigua ruina en Angkor, Camboya, está bien camuflada por las raíces de un árbol.

Las ciudades perdidas acerca de las que leeremos en este libro se construyeron en diferentes lugares alrededor del mundo. Todas ellas, alguna vez centros de vida y trabajo, fueron abandonadas por sus habitantes. El descubrimiento de estas ciudades nos ha permitido saber más de las civilizaciones que las abandonaron.

El cañón Chaco, Nuevo Mexico

NORTEAMÉRICA

SUDAMÉRICA

Machu Picchu, Perú

Éste es un mapa de los continentes en los cuales se encuentran las cuatro ciudades perdidas.

Pompeya, Italia

EUROPA

ASIA

ÁFRICA

AUSTRALIA

Angkor, Camboya

5

En la mesa del desierto

El sol del desierto brillaba en el cañón Chaco, un territorio en lo que ahora es el estado de Nuevo México. Era el **equinoccio** de primavera, el día que marca el principio de la primavera. Miles de personas estaban reunidas para celebrar e intercambiar bienes. Algunos habían llegado de lo que ahora es el país de México.

Todos esperaban ansiosos el banquete de pavo, maíz, frijoles y calabaza que se había almacenado de la cosecha del pasado otoño. Contemplaron el cálido sol primaveral con el deseo de que ese año lloviera lo suficiente para disfrutar de una abundante cosecha.

El pueblo **Anasazi** del cañón Chaco vivía cerca del río que a veces fluía por el cañón. Cultivaban arriba, en las **mesas** que se extendían hasta unas enormes casas de piedras. Crearon hermosas artesanías y comerciaban con culturas lejanas.

Eso fue hace casi 1,000 años. Ahora, esos centros en el cañón Chaco que antes estaban repletos de vida están vacíos y abandonados. Los edificios de piedra son los únicos restos de su pasado.

Poco a poco, los **arqueólogos** y **antropólogos** aprenden más acerca de este sorprendente pueblo que construyó una civilización en el desierto y que prosperó en ese lugar del 850 al 1250 A.E.C. Tratan de averiguar por qué los Anasazi, después de construir una civilización tan impresionante, la abandonaron.

Estas ruinas, los restos de las moradas de los Anasazi, nos dicen cómo vivió el pueblo del cañón Chaco.

Cuando los exploradores españoles viajaron por el desierto hace 500 años, pensaban que estos sitios abandonados eran ruinas romanas antiguas. Después, la gente creyó que eran los restos de pueblos de indígenas norteamericanos. Sin embargo, no era posible determinar la edad de las ruinas.

Entonces, en la década de 1930, los científicos propusieron que los edificios tenían por lo menos 1,000 años de edad. Las personas se preguntaron cómo los Anasazi habían logrado construir una civilización tan impresionante y única.

Una próspera comunidad Anasazi alguna vez ocupó este sitio que quedó abandonado durante muchos años.

¡Es un hecho!

Los pueblos del desierto del sudoeste norteamericano comenzaron a practicar la agricultura alrededor del año 250 E.C. El maíz, las calabazas y los frijoles que ahora comemos proceden de las plantas que estos antiguos pobladores desarrollaron y cultivaron. Originalmente, el maíz proviene de México.

Los **ancestros** de los Anasazi vagaban por las llanuras de Norteamérica siguiendo las manadas de animales que constituían su comida. Aprendieron a cultivar sus propios alimentos y no tuvieron que vagar más. Se establecieron y construyeron aldeas pequeñas.

Entonces, hace unos 1,100 años, la población Anasazi comenzó a multiplicarse rápidamente. La población del cañón Chaco construyó ciudades. Miles de personas vivían en las ciudades. Miles más vivían en los alrededores y consideraban que la ciudad más cercana era su base cultural.

Estas ollas decoradas de zigzag, encontradas en Pueblo Bonito, en el cañón Chaco, son un ejemplo de la creatividad de los Anasazi.

Durante unos 300 años, el cañón Chaco fue el centro de población del desierto. Entonces, en unos cuantos años, las personas abandonaron sus casas. Parece que se fueron con prisa, dejando los objetos valiosos y la comida que tenían almacenada. Es posible que hayan pensado en regresar.

Hay varias teorías acerca de por qué los Anasazi se fueron. Es posible que una **sequía** haya dificultado el cultivo de alimentos. O una guerra pudo haber generado inseguridad. Quizá, una enfermedad mató a muchas personas y obligó a las demás a huir.

En los muros del cañón Chaco se encontraron petroglifos como estos. Cuentan un cuento, registran sucesos o documentan algún aspecto de la historia Anasazi.

Algunos de los Anasazi a lo mejor viajaron al sur para vivir con los Aztecas. Otros quizá se quedaron más cerca de su hogar.

Los indígenas Pueblo de Arizona y Nuevo México tienen **tradiciones** muy similares a las de los Anasazi. Los asentamientos de los Pueblo modernos son muy similares a los del cañón Chaco. Su arte se parece mucho al que dejaron los Anasazi.

✔ ¡REVISALO!

Piénsalo

"Anasazi" es una palabra Navajo. Significa "los antiguos." Algunos arqueólogos contemporáneos creen que, hace muchos años, los ancestros de los Navajo actuales lucharon con el pueblo que vivía en el cañón Chaco. ¿Por qué crees que estos dos grupos de personas se enfrentarían?

las ruinas Kiva, en Atsinna Pueblo, en el cañón Chaco

La ciudad en las nubes

El poderoso pueblo Inca vivía en lo que ahora es Perú. Gobernaba gran parte del norte de Sudamérica cuando los españoles invadieron en 1532.

Los gobernantes Incas obligaban a sus ciudadanos a pagar un impuesto laboral para cubrir el enorme costo de gobernar un área tan grande. Este impuesto se podía pagar sirviendo en el ejército, construyendo caminos o edificios, o cultivando alimentos para el imperio.

Este extraordinario lugar es Machu Picchu en la cordillera de los Andes en Perú, Sudamérica. ¿Puedes ver por qué a veces se le llama la ciudad en las nubes?

Uno de los proyectos de construcción fue la ciudad de Machu Picchu en las montañas. Esta gran ciudad de piedra, construida hace unos 550 años, sólo tardó 10 años en ser construida.

Los arqueólogos creen que esta ciudad se construyó como palacio o fortaleza para proteger al emperador de sus enemigos. El emperador podía entrar y salir cuando quería, pero las 1,200 personas que vivían allí no podían salir. Pasaban casi todo su tiempo trabajando al servicio del emperador. Cultivaban alimentos y criaban animales en **terrazas**, escalones planos de tierra tallados en la montaña. Para las personas ordinarias, la vida en una ciudad que parecía flotar por encima de las nubes podía ser muy difícil.

La ciudad de Machu Picchu floreció en las alturas, encima de las nubes. Pero, en 1527, sus pobladores tomaron repentinamente sus pertenencias y se mudaron. Bajaron de sus casas en las montañas y le dejaron Machu Picchu a la jungla.

Por más de 400 años, la ciudad quedó olvidada entre la neblina. Luego, en 1911, un guía local llevó a Hiram Bingham, un arqueólogo de la Universidad de Yale, a través de la jungla y por un inclinado sendero hasta Machu Picchu. En menos de un año, otros arqueólogos siguieron sus pasos. Bajo la dirección de Bingham, comenzaron las **excavaciones** de la ciudad escondida.

Machu Picchu era, y todavía es, completamente invisible desde los valles de abajo. En la época en que los Incas vivían allí, sólo se podía llegar escalando miles de escalones de piedra.

Hasta la fecha, nadie sabe con seguridad por qué Machu Picchu fue abandonada. Algunos arqueólogos creen que se debió a la viruela, una terrible enfermedad. Cuando los europeos invadieron Norteamérica y Sudamérica, traían esta enfermedad. Los pobladores indígenas no tenían una resistencia natural a la enfermedad, así que millones de personas murieron.

Otros arqueólogos creen que Machu Picchu era simplemente demasiado costoso. El precio de mantener la ciudad en funcionamiento quizá era mucho mayor de lo que los Incas podían pagar, especialmente en un momento en el que padecían enfermedades y se encontraban en guerra.

¡Es un hecho!

La ciudad de Machu Picchu estuvo muy bien construida. Entre los bloques de piedra de los edificios no hay nada de cemento. Sin embargo, las piedras están tan cuidadosamente cortadas y colocadas que es imposible insertar un cuchillo entre ellas.

los restos de un edificio de piedra descubierto en 1911

la tumba real de Machu Picchu

Ahora, los Quechua, quienes son **descendientes** de los poderosos Incas, aún viven en las montañas de los Andes. Este pueblo constituye cerca de la mitad de la población de Perú. La mayoría son agricultores que cultivan los mismos productos y crían los mismos animales que sus ancestros.

La ciudad en las nubes es nuevamente un lugar importante de la zona. Muchos turistas visitan las ruinas bien preservadas de la ciudad Inca. Hay personas que visitan el sitio por tren; otros caminan varios días por el antiguo camino Inca hasta la ciudad.

Estos turistas caminan por el sendero Inca para explorar las ruinas de Machu Picchu. Bajo la mirada vigilante de una alpaca, un animal pariente de la llama, son testigos de la maravilla de la arquitectura de esta antigua ciudad.

Los pobladores de Perú están orgullosos de su ciudad en las nubes. Algunos quieren construir un teleférico para subir a los turistas por la montaña a ver el paisaje. Otros quieren construir grandes hoteles para los visitantes. Y otros quieren conservar las ruinas, manteniéndolas tan intactas como sea posible. Pero sea cual sea su destino, lo más probable es que Machu Picchu nunca más vuelva a perderse entre la jungla y las nubes.

¡Es un hecho!

Los Incas no tenían un lenguaje escrito. Los cuentos se transmitían de una generación a otra. Cuando los españoles llegaron, hicieron que las personas dejaran de contar estos cuentos. La historia se perdió y, sólo unos cuantos años después, la ciudad en las nubes fue abandonada, así que nadie conocía su ubicación con exactitud.

Debajo de las cenizas

La mañana del 24 de agosto del año 79 E.C. era cálida y soleada en Pompeya. Una suave brisa soplaba por los viñedos y filas de árboles de olivo. La gente estaba en el mercado y vendía sus bienes en este concurrido puerto marítimo romano.

Pompeya era un sitio en que los agricultores locales podían vender sus cosechas y ganado. Había negocios de telas, salsas de pescado y molinos, grandes piedras redondas que se usan para moler granos. En la época de los romanos, todas estas cosas eran bienes importantes.

Este fresco, titulado *Escena del puerto* retrata una antigua imagen de Pompeya.

Los **comerciantes** de la ciudad eran ricos debido al comercio de vino, aceite y grano. La gente pagaba impuestos para mantener esta bella ciudad, con estatuas de mármol, flores y baños públicos. La gente disfrutaba la ciudad e ignoraba el gigante y humeante volcán que se alzaba a la distancia. Diez años antes, un terrible terremoto causó grandes daños en gran parte de la ciudad. Pompeya todavía estaba en reconstrucción.

¡Es un hecho!

Los romanos que vivían en Pompeya programaban sus días en base a las comidas y visitas a los baños públicos. En los baños, los romanos se podían bañar en el baño caliente (el *calidarium*), en el baño tibio (el *tepidarium*), o en el baño frío (el *frigidarium*).

En este grabado sin fecha podemos ver a los ciudadanos de Pompeya disfrutando la presentación de un titiritero.

El último día de Pompeya, pintado en 1833, retrata la destrucción que causó la erupción del monte Vesubio.

De repente, un estruendoso ruido interrumpió la paz del día. Los ciudadanos de Pompeya vieron como explotaba el monte Vesubio, arrojando una cegadora lluvia de cenizas y rocas ardientes por encima de la ciudad. En tres días, la ciudad quedó enterrada debajo de 15 a 20 pies de cenizas. Algunas personas escaparon de las rocas ardientes y la ceniza. Muchas más murieron.

La destrucción fue demasiado grande para que se reconstruiyera la ciudad. El puerto quedó cubierto de lodo y ceniza, lo que hacía imposible la entrada de barcos. Como creyeron que sus dioses habían abandonado la ciudad, la gente también la abandonó.

El terreno en el que antes estaba Pompeya eventualmente se recuperó de la erupción del monte Vesubio. Algunos sobrevivientes que se quedaron en el área descubrieron que sus vidas eran muy diferentes. Como ya no vivían en una rica ciudad portuaria, buscaron otra forma de ganarse la vida. Los agricultores cultivaron el suelo fértil. Con el paso de los años, menos y menos personas recordaban la ubicación exacta de Pompeya. Eventualmente, nadie la recordaba. En 1748, un campesino que excavaba un pozo en su viñedo encontró un muro enterrado y una pieza de mármol bellamente tallada.

✔ ¡REVISALO!

Imagínalo

Imagina la erupción del monte Vesubio. ¿Qué ves, escuchas, hueles, y sientes, y qué sabor percibes? Ahora haz un dibujo.

Esta pintura de 1776 retrata trabajadores de la época mientras retiraban la ceniza que había enterrado el Templo de Isis.

El gobierno italiano envió personas capacitadas a la recién descubierta Pompeya a recolectar los tesoros y llevarlos a museos italianos. Durante 100 años, trabajaron en los edificios principales.

En 1860, funcionarios del gobierno ordenaron una excavación, bloque por bloque, de la ciudad. Eventualmente se decidió que los tesoros deberían dejarse en su lugar y que la ciudad sería restaurada lo más cerca posible de su condición original.

Ahora, Pompeya es uno de los sitios arqueológicos mejor conservados del mundo. Congelada en el tiempo, nos ofrece una imagen perfecta de la vida de los romanos en la cumbre de su civilización.

Ahora, el Foro de Pompeya se ve así, con el monte Vesubio al fondo.

Los arqueólogos han descubierto los restos de más de 2,000 personas en las excavaciones y el estudio de las ruinas. Las cenizas volcánicas preservaron tan perfectamente los restos que los arqueólogos tienen un retrato exacto de cómo eran esas personas.

Ahora, muchos de los descendientes de las personas que sobrevivieron la destrucción de Pompeya aún viven en la zona. Ellos también disfrutan del cálido clima y el bello paisaje. Pero son conscientes de que el monte Vesubio sigue amenazante en el fondo.

Los arqueólogos han descubierto los restos momificados de más de 2,000 personas que murieron cuando Pompeya fue enterrada.

23

Torres en los árboles

Era una gran ciudad. Sus **templos** de piedra se alzaban por encima de la jungla que la rodeaba. Era una de las ciudades más grandes del mundo, con más de un millón de personas. La gente creó algunos de los más bellos trabajos en cerámica en el mundo.

Desde Angkor, la ciudad capital del Khmer, se gobernaron entre los siglos IX y XIII las tierras que ahora son Laos, Camboya, Tailandia y Vietnam. Durante este tiempo, Angkor creció hasta cubrir más de 144 millas cuadradas (400 kilómetros cuadrados).

Aunque los Khmer eran famosos guerreros, Angkor era una ciudad pacífica. Allí vivían y prosperaban personas de diferentes religiones y costumbres.

¡Es un hecho!

Los asombrosos edificios de Angkor están hechos totalmente de piedra. La piedra la traían de una distancia de más de 24 millas (40 kilómetros). Enormes bloques de piedra fueron trasladados con elefantes, búfalos y la fuerza humana.

Esta ilustración retrata cómo podría haber sido una parte de Angkor.

Ahora, unos 900 años después de los días de gloria de la ciudad, los templos de Angkor forman uno de los sitios arqueológicos más impresionantes del mundo. Angkor Wat, el templo principal y el más famoso de la ciudad, ha sido retomado de la jungla. Las personas se maravillan ante su tamaño, que cubre cerca de una milla cuadrada (2.8 kilómetros).

Partes de la ciudad aún permanecen cubiertas por la jungla. En 1994, el transbordador espacial *Endeavor* tomó fotografías de la jungla que rodea Angkor. En las fotos se ven templos y edificios que siguen cubiertos por los tupidos árboles y la vegetación de la jungla.

Gran parte de este templo de Angkor está cubierta por árboles de la jungla.

Los años de mayor prosperidad y poderío de la ciudad de Angkor fueron durante el siglo XII. Luego, enfermedades, líderes débiles e invasiones enemigas lentamente la llevaron a su decadencia. Cuando la ciudad finalmente fue abandonada en 1431, la jungla cubrió rápidamente los edificios y comenzó a destruirlos.

La ciudad fue redescubierta el 22 de enero de 1860 cuando Henri Mouhot, un científico francés, encontró las ruinas. Durante los siguientes 100 años, los gobiernos de Francia y Camboya trabajaron conjuntamente para quitar la vegetación de la jungla y sacar al descubierto los tesoros.

Arqueólogos han estudiado los grabados en los edificios de Angkor para aprender acerca de su gente. La ciudad se construyó alrededor de una pirámide central que era el hogar simbólico de los dioses. El resto de la ciudad se construyó en semejanza al hogar de los dioses. Los edificios exteriores se parecían a las montañas que la gente creía que rodeaban la orilla del cielo. Incluso los embalses, **fosos** y canales se parecían a las vías de navegación de los dioses.

Las personas que diseñaron Angkor construyeron un gran foso que rodeaba la ciudad. El foso, de más de 525 pies (160 metros) de ancho, fluía frente al magnífico templo de Angkor Wat. En la temporada de lluvias, el agua reflejaba el templo, como si fuera un espejo.

27

Aunque Angkor fue una de las ciudades más poderosas de su época, su decadencia fue rápida. La familia real peleó entre sí, debilitando al gobierno. La población sufrió una serie de enfermedades. Sus enemigos de la vecina Tailandia los invadieron en 1431. Conquistaron la ciudad y luego la abandonaron.

En el transcurso de unos cuantos años, Angkor quedó cubierta por la jungla. Las personas que vivían en la región hablaban y escribían acerca de ella. Sin embargo, la ciudad descansó, tranquila, durante cerca de 400 años.

La historia de Camboya es inestable, plagada de guerras. Durante la segunda mitad del siglo XX, los arqueólogos no pudieron entrar en el país para estudiar Angkor debido a los enfrentamientos. Las batallas dañaron los edificios y algunos de los tesoros fueron robados.

Estos exploradores posaron para un retrato durante una expedición a Angkor Wat en 1868.

El mundo juró hacer un trabajo conjunto para protegerlo. En poco tiempo, había un plan de conservación para proteger el sitio de un mayor daño. Ahora que es posible estudiar la ciudad, los arqueólogos se esfuerzan para saber más de las personas que vivieron en este lugar y sus destinos.

La representación de una devata, o diosa, tallada en el muro de Bayon en Angkor.

29

Conclusión

¿Hay más ciudades perdidas en espera de ser descubiertas?

Cuentos antiguos hablan de una ciudad llamada Atlántida que desapareció bajo el mar. ¿Fue real? ¿Algún día se encontrará? ¿Existe una ciudad enterrada bajo las arenas del desierto de África? ¿Las fotos por satélite mostrarán el bosquejo de una ciudad abandonada en los bosques tropicales de Brasil?

Estas preguntas las contestarán los arqueólogos en el futuro. ¿Serás uno de ellos?

¡REVISALO!

Lee más

Lee más en recursos adicionales acerca de la misteriosa desaparición de Roanoke, una de las primeras colonias inglesas en lo que ahora son los Estados Unidos.

Esta ilustración muestra una imagen de cómo se cree que era la ciudad perdida de la Atlántida.

Glosario

Anasazi	pueblo antiguo que vivió en los desiertos del sudoeste de lo que ahora son los Estados Unidos (pág. 6)
ancestro	un pariente que vivió en el pasado (pág. 9)
antropólogo	alguien que estudia grupos de personas (pág. 7)
arqueólogo	alguien que estudia a personas del pasado a través de las cosas que dejaron (pág. 7)
comerciante	alguien que vende algo (pág. 19)
descendiente	una persona que está relacionada en línea familiar con alguien que vivió en el pasado (pág. 16)
equinoccio	el día que marca el final de invierno y el principio de la primavera (pág. 6)
excavación	desenterrar un sitio arqueológico (pág. 14)
foso	una zanja ancha llena de agua que rodea una fortaleza o castillo, generalmente con la intención de evitar la entrada de personas (pág. 27)
machete	un cuchillo largo y curvado (pág. 2)
mesa	una montaña cuya cumbre es plana (pág. 6)
sequía	un período de gran carencia de lluvia u otro tipo de humedad (pág. 10)
templo	un lugar en que las personas practican una religión (pág. 24)
terraza	escalones planos en una colina que se hacen para sembrar o pastar (pág. 13)
tradición	una costumbre que las personas siguen de generación en generación (pág. 11)

Índice

Anasazi, 6–11

ancestros, 9, 11, 16

Angkor, 24–29

antropólogo, 7

arqueólogo, 7, 13–15, 23, 27, 28–30

Aztecas, 11

Bingham, Hiram, 14

cañón Chaco, 2, 4, 6–7, 9–11

comerciante, 19

descendiente, 16

equinoccio, 6

excavación, 14, 22

foso, 27

generación, 17

Inca, 12–17

Khmer, 24

machete, 2

Machu Picchu, 4, 12–17

mesa, 6

molino, 18

monte Vesubio, 20–23

Mouhot, Henri, 26

Pompeya, 5, 8–23

Pueblo, 11

sequía, 10

templo, 24–25

terrazas, 13

tradición, 11